SOS

Dieses Buch kann alleine lesen:

____

Silben-Geschichten, die Spaß bringen

CARLSEN

Silbe für Silbe zum Lese-Erfolg

Liebe Eltern,

Leseanfänger lesen langsam. Sie müssen jedes Wort Buchstabe für Buchstabe, Silbe für Silbe erlesen. Alle Wörter der Geschichten in diesem Band sind in farbigen Silben markiert. Diese kurzen Buchstabengruppen können Leseanfänger schneller erfassen als das ganze Wort.

Bei den markierten Silben handelt es sich um Sprechsilben. Das heißt, die Wörter sind so in Silben aufgeteilt, wie sie gesprochen werden. Die Sprechsilben entsprechen fast immer auch der möglichen Worttrennung, also den Schreibsilben.

Nur bei der Trennung einzelner Vokale gibt es einen Unterschied: Nach den aktuellen Rechtschreibregeln werden einzelne Vokale am Wortanfang oder -ende nicht abgetrennt. Beim Sprechen unterteilen wir solche Wörter jedoch in mehrere Silben, daher sind sie in diesem Band ebenfalls mit unterschiedlichen Farben markiert: Oma, Radio.

Ihnen und Ihrem Kind viel Spaß beim Lesen!

Inhalt

SOS!

Immer Ärger mit dem Maulwurf!

Eine Geschichte von Dagmar Hoßfeld
mit Bildern von Sigrid Leberer

Das gibt Ärger!

Mia und Max spielen Fußball.

Mia holt aus und schießt.

Der Fußball knallt

gegen einen Baum.

Dann schießt Max.

Der Fußball fliegt über den Zaun.

„Ach du Kack!“, sagt Mia.

„Oh nein!“, stöhnt Max.

Nebenan wohnt Herr Schmitt.
Jeden Tag zupft er Löwenzahn
und anderes Unkraut.
In die Beete zieht Herr Schmitt
mit einer Harke gerade Linien.
Den Rasenmäher holt er
jeden zweiten Tag
aus dem Schuppen.

Der Fußball liegt zwischen
dem Schuppen und dem Zaun.
Zum Glück ist er nicht
in den Blumen gelandet.
Herr Schmitt wird schnell wütend.
Das wissen Mia und Max.
Er mag es nicht, wenn Fußbälle
in seinen Garten fliegen.

Mia will über den Zaun
klettern und den Fußball holen.
Da hört sie Herrn Schmitt
schon schimpfen.
Wie eine Ziege meckert er.
„Was ist das denn?
Das darf ja wohl nicht wahr sein!“

Leserätsel

Wohin fliegt der Fußball?

- [ ] In den Baum 
- [ ] Zum Mond 
- [ ] In den Nachbargarten 
- [ ] Nach Ibiza 

Wie heißt der Nachbar von Mia und Max?

- [ ] Herr Schulz 
- [ ] Herr Griesgram 
- [ ] Herr Geizkragen 
- [ ] Herr Schmitt 

Welcher Maulwurf hat welchen
Haufen gemacht?
Zeichne die richtigen Wege ein.

Maulwurfalarm

Mia und Max verstecken sich.
Hinter dem Strauch kann man
sie nicht sehen.
Aber Herr Schmitt schimpft nicht
über ihren Fußball.
„Ein Maulwurfshaufen!“,
schreit er.
„Mitten auf meinem Rasen!“
Sein Gesicht ist rot wie eine Tomate.

„Da ist noch ein Maulwurfshaufen“,
flüstert Max.
„Hinter dem Schuppen.“
„Da auch!“
Mia hat einen Maulwurfshaufen
am Zaun entdeckt.
Auch Herr Schmitt hat
die anderen Maulwurfshaufen gesehen.
Er geht in seinen Schuppen.

Mit einem Kanister in der Hand
kommt er wieder heraus.
Auf dem Kanister steht groß
das Wort „Petroleum“.
„Nein!“, ruft Max.
„Das darf er nicht!“
Mia hält Max am T-Shirt fest.
Herr Schmitt dreht sich um.
Er zieht die Stirn kraus.

„Was hat er vor?“, fragt Mia.
„Er will bestimmt das Petroleum
in den Maulwurfshaufen gießen“,
antwortet Max.
„Der arme Maulwurf!“
Mia erschrickt.
„Das ist verboten“, weiß Max.
„Maulwürfe stehen unter Naturschutz!“
„Wir müssen was tun“, sagt Mia.
„Aber was?“, überlegt Max.

Leserätsel

Was will Herr Schmitt in den Maulwurfshaufen gießen?

- [ ] Benzin
- [ ] Öl
- [ ] Petroleum
- [ ] Wasser

Weißt du, was Maulwürfe fressen?
Male alle Felder mit einem Punkt aus.

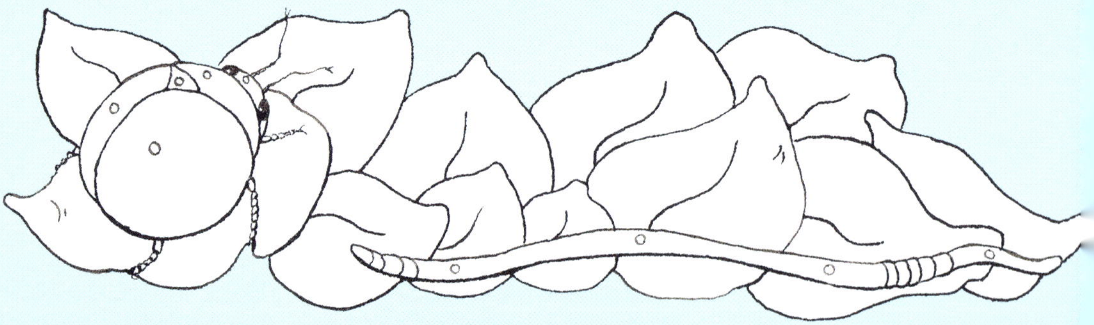

Hier sind sieben Dinge versteckt,
die es in Herrn Schmitts Garten gibt.
Kannst du alle finden?

V	J	F	M	A	U	L	W	U	R	F	Y	N	I	X	J
G	T	V	X	N	V	H	J	U	A	L	K	J	H	G	F
H	A	R	K	E	I	J	K	F	S	A	S	D	F	G	H
Z	U	H	G	F	D	S	M	R	E	P	O	I	U	Z	T
X	Y	I	R	E	T	M	B	F	N	P	U	E	A	V	Z
M	E	Z	L	K	J	H	G	F	D	B	L	U	M	E	N
F	K	A	N	I	S	T	E	R	L	K	J	H	G	F	D
V	N	U	O	I	U	Z	S	O	T	E	A	K	W	T	R
Z	N	N	Q	W	E	R	T	S	C	H	U	P	P	E	N

_ _ _ _ _ _ _ _

_ _ _ _ _ _ _ _

_ _ _ _ _

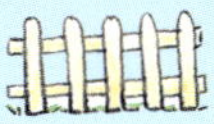
_ _ _ _

_ _ _ _ _ _

_ _ _ _ _

_ _ _ _ _ _ _ _

Ein unerwarteter Besuch

Herr Schmitt stellt den Kanister ab.
Er schraubt den Deckel auf.
Vor dem Haus hält ein Auto.
Auf der Autotür steht „Gartenverein".
Zwei Frauen steigen aus und klingeln.
Verärgert schraubt Herr Schmitt
den Kanister wieder zu.
Er geht zur Tür.

„Und nun?“, fragt Max.
Maulwürfe leben nur da,
wo die Natur in Ordnung ist.
Das haben Mia und Max in Papas
schlauem Buch gelesen.
„Er darf ihm nichts tun“,
jammert Mia.
„Wir könnten den doofen Kanister
verstecken“, schlägt Max vor.

Sie klettern über den Zaun.
Mia hebt den Fußball auf.
Max will den Kanister nehmen,
da hören sie Stimmen.
„Hinter den Strauch, los!“,
flüstert Mia.
Herr Schmitt kommt aus dem Haus.
Die beiden Frauen folgen ihm.

„Ein schöner Garten“,
sagt die eine.
„Sogar einen Maulwurf gibt es.
Wie wunderbar!
Manche Leute verjagen
die Maulwürfe mit dem Spaten.
Oder vergiften sie!“
Herr Schmitt wird knallrot.

„Herzlichen Glückwunsch,
Herr Schmitt!
Für den Erhalt natürlichen
Lebensraums erhalten Sie
den 1. Preis.“
Die andere Frau schüttelt
Herrn Schmitt die Hand.
Er bekommt einen Pokal
und eine Urkunde.

Mia und Max grinsen.
„Den ollen Kanister
braucht er jetzt nicht mehr“,
freut sich Max.
„Bestimmt nicht“,
sagt Mia.
„Der Maulwurf
ist gerettet!“

Infoseite
So wohnt der Maulwurf

Die Wohnung des Maulwurfs ist eine rundliche Höhle, von der aus er viele Gänge gräbt. Ein Maulwurfsbau besteht aus sechs verschiedenen Teilen.

Tränke

Lösungen

Seite 14/15:

Der Fußball fliegt in den Nachbargarten.
Der Nachbar heißt Herr Schmitt.

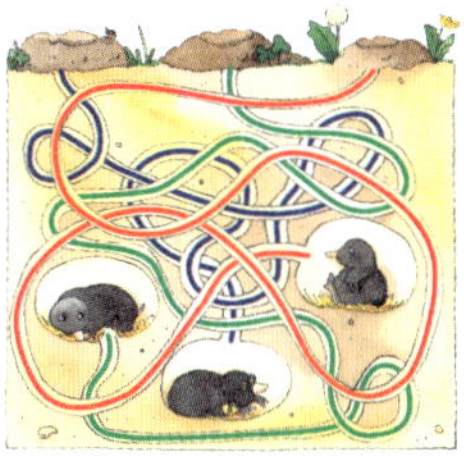

Seite 20/21:

Herr Schmitt will Petroleum in den Haufen gießen.
Maulwürfe fressen Regenwürmer und Käfer.

V	J	F	M	A	U	L	W	U	R	F	Y	N	I	X	J
G	T	V	X	N	V	H	J	U	A	L	K	J	H	G	F
H	A	R	K	E	I	J	K	F	S	A	S	D	F	G	H
Z	U	H	G	F	D	S	M	R	E	P	O	I	U	Z	T
X	Y	I	R	E	T	M	B	F	N	P	U	E	A	V	Z
M	E	Z	L	K	J	H	G	F	D	B	L	U	M	E	N
F	K	A	N	I	S	T	E	R	L	K	J	H	G	F	D
V	N	U	O	I	U	Z	S	O	T	E	A	K	W	T	R
Z	N	N	Q	W	E	R	T	S	C	H	U	P	P	E	N

Eine Nacht im Zelt

Eine Geschichte von Antje Schwenker
mit Bildern von Sigrid Leberer

Endlich Ferien!

Oben auf dem Klettergerüst sitzen
Hanna und ihr Bruder Anton.
Sie haben Ferien.
Endlich!
Die Sonne scheint,

aber die beiden
sehen traurig aus.
„Lukas fährt nach Italien,
mit dem Wohnmobil“,
sagt Anton.
„Und Jule fliegt
mit dem Flugzeug
nach Spanien.“
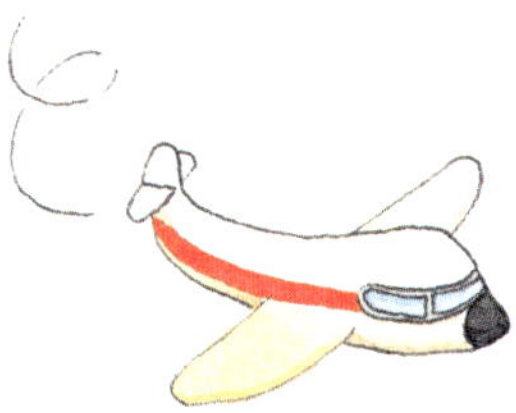

Weil Oma krank im Bett liegt,
bleiben Anton und Hanna
zu Hause.
Hanna pflückt Löwenzahn.
„Komm, wir spielen
mit den Meerschweinchen“,
sagt Hanna zu ihrem Bruder.
Anton setzt
die Meerschweinchen Lola und
Lilli ins Gras.
Aber Lola versteckt sich und
Lilli möchte lieber Gras knabbern.

Das Turnen auf dem Klettergerüst
macht ohne Freunde keinen Spaß.
Sogar das Skateboard bleibt
in der Ecke liegen.
Da fährt Lukas
im Wohnmobil vorbei.
„Bis in zwei Wochen!“,
ruft er und winkt.
Nur die Sonne lacht.
„Ich habe eine Idee!“,
ruft Hanna.
„Mit dem Zelt spielen wir Verreisen.“

„Wir brauchen einen Schlafsack“,
sagt Anton begeistert.
„Und die Taschenlampe
nicht vergessen!“
Sie sausen los.
Der Gartenzwerg wundert sich.
Ein Schmetterling fliegt
vor Schreck davon.

Leserätsel

Wohin fährt Lukas?

Kreuze an.

S Nach Spanien

Z Nach Italien

P Nach Frankreich

Wie verreist Jule?

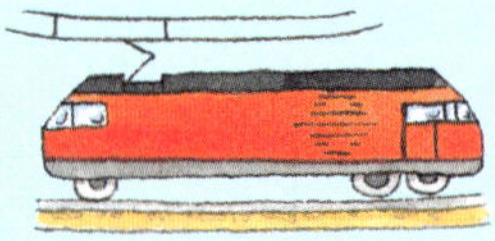

O Mit der Bahn

A Mit dem Wohnmobil

E Mit dem Flugzeug

Warum bleiben Hanna und Anton zu Hause?

L Weil Oma krank ist.

M Weil Opa krank ist.

N Weil das Auto kaputt ist.

Wie heißen die Meerschweinchen?

E Lila und Lalu

G Lolli und Lerche

T Lola und Lilli

Die Buchstaben neben den richtigen Antworten ergeben ein Lösungswort:

__ __ __ __

Zelten ist ein Abenteuer!

Anton holt das Zelt
und die Schlafsäcke.
Hanna bekommt von Mama
eine Flasche Limonade
und zwei Becher.
Und eine Tüte Chips. Lecker!

Das Zelt soll
vor dem Klettergerüst
aufgebaut werden,
gleich neben der Sandkiste.
Papa hilft ihnen.

Mit dem Hammer schlägt er
Heringe in die Erde.
Das Zelt ist rot wie ein Feuerwehrauto.
Gleich sind sie fertig.
Nicht einmal der Schäferhund
von nebenan bemerkt
die dicken Wolken am Himmel.
Mit Schlafsäcken, Kissen und Decken
sieht es im Zelt richtig kuschelig aus.

Sogar der Käfig
der Meerschweinchen
passt in die Ecke.
Nur noch Hase Tom und
Bär Timo fehlen.
Dann ist das Zelt
fertig für die Nacht.
Anton und Hanna kriechen
in die Schlafsäcke.
Sie finden alles sehr spannend.
Die Sonne ist untergegangen.
Hanna sieht Sterne
am Himmel.

Flattert dort eine Fledermaus?
Hanna schüttelt sich.
Sie mag keine Fledermäuse.
Mama und Papa sagen
Gute Nacht.

Leserätsel

Was brauchen Hanna und Anton zum Zelten? Kreuze an.

F	Schlafsack	P	Springseil
T	Gummistiefel	R	Hammer
S	Schnuller	I	Heringe
E	Kopfkissen	G	Hummer

Nebenan wohnt ...

A ein Dackel. 

O ein Riesenschnauzer. 

U eine Katze. 

E ein Schäferhund. 

Welches Tier mag Hanna nicht?
Kreuze es an.

G 

N 

E 

X 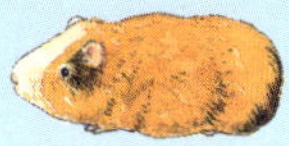

Die Buchstaben neben den richtigen Antworten ergeben ein Lösungswort:

___ ___ ___ ___ ___ ___

Im Dunkel der Nacht

Im Zelt ist es unheimlich.
Hanna erzählt eine Geschichte
von einem Gespenst.

Anton gruselt sich.
Die Meerschweinchen
rascheln im Käfig.
Es ist fast dunkel.
Nur die Taschenlampe leuchtet.
Jedes Knacken ist lauter als sonst.
War das ein Eichhörnchen?

Plötzlich wird es hell.
„Ein Blitz“,
flüstert Anton.

Schon donnert es.
Das Klettergerüst knarrt.
Ist da jemand?
Der Schäferhund nebenan bellt.
„Die Meerschweinchen haben Angst“,
sagt Hanna leise.
Auf das Zelt fallen erste Tropfen.
Anton öffnet den Reißverschluss.

„Komm, wir laufen ins Haus",
sagt Hanna.
Noch ein Blitz leuchtet auf.
Mit der Taschenlampe schauen sich
Anton und Hanna um.

Eine Schnecke kriecht über den Weg.
Ein Igel huscht unter einen Busch.
Im Dunkeln sieht der Baum aus
wie ein Gespenst.
„Drinnen ist es gemütlicher",
sagt Anton.

Hanna sagt:
„Wir dürfen die Meerschweinchen nicht vergessen!“
Papa wartet schon an der Tür.
„Lola und Lilli haben Angst“, sagt Anton.
Mama bringt die Kinder ins Bett.
Das Bett ist warm und weich.
Hanna und Anton gähnen.
Sogar die Meerschweinchen gähnen, sie rollen sich in ihrem Häuschen zusammen und schlafen ein.

„Morgen schlafen wir
wieder im Zelt“,
murmelt Hanna müde.

„Aber ohne die Meerschweinchen“,
sagt Anton.
„Sonst haben sie wieder Angst
vor einem Gespenst!“

Infoseite
Das alles brauchst du für eine gemütliche Übernachtung im Garten:

Kissen

Kartoffelchips

Limo oder Saft

Luftmatratze

Blasebalg

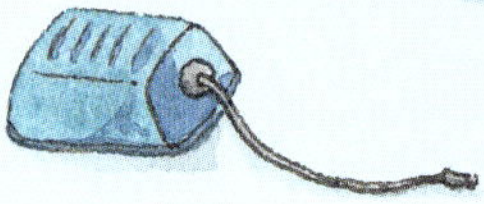

Hammer

Heringe

Sweatshirt

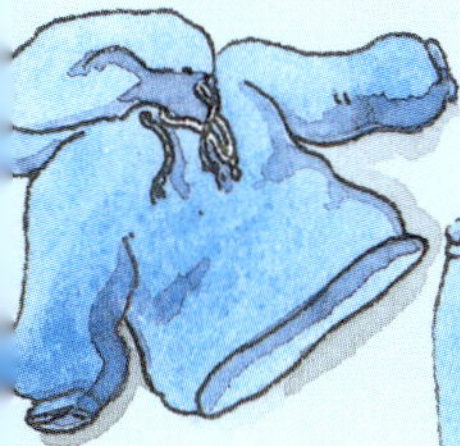

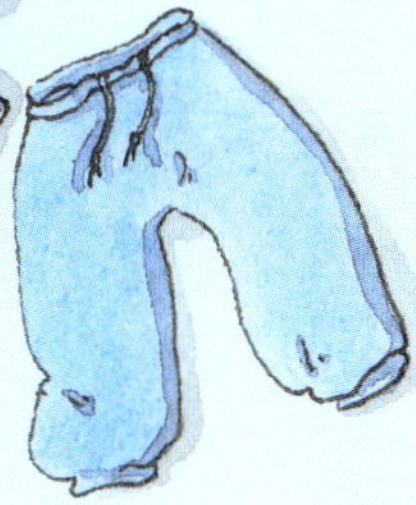

Jogginghose

Schuhe

Schlafanzug

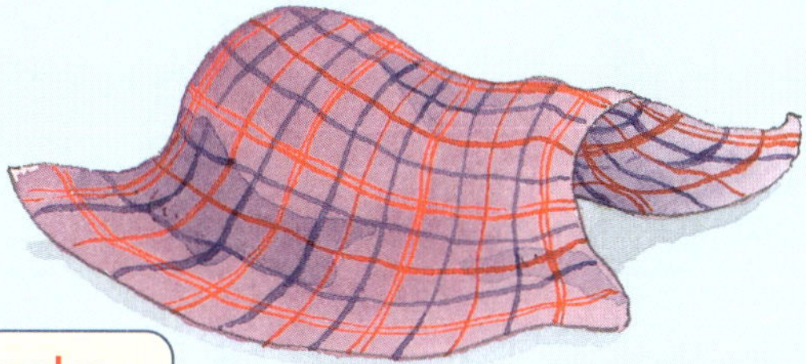

Decke

Kuscheltiere

Taschenlampe

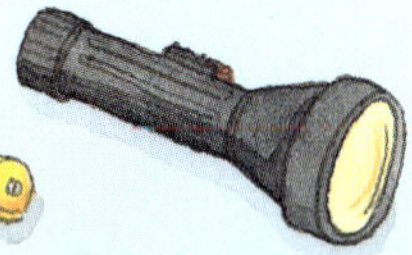

Batterie

Buch

Armbanduhr

Wecker

Schlafsack

Lösungen

Seite 38/39:

Lukas fährt nach Italien.
Jule verreist mit dem Flugzeug.
Hanna und Anton bleiben zu Hause,
weil Oma krank ist.
Die Meerschweinchen heißen Lola und Lilli.
Das Lösungswort lautet ZELT.

Seite 44/45:

Zum Zelten brauchen Hanna und Anton
Schlafsack, Kopfkissen, Hammer und Heringe.
Nebenan wohnt ein Schäferhund.
Hanna mag keine Fledermäuse.
Das Lösungswort lautet FERIEN.

Fritzi kocht Nudeln

Eine Geschichte von Manuela Mechtel
mit Bildern von Alexander Steffensmeier

Nach der Schule

Alle sagen Fritzi zu Friederike.
Auch Karla.
Sogar Frau Windeleimer,
ihre Lehrerin, sagt das.
Karla ist Fritzis neue Schulfreundin.
Die beiden sitzen nebeneinander.

Heute geht Karla mit zu Fritzi.
„Gibt es bei euch auch was zu essen?“, erkundigt sich Karla.
„Na klar!“, lacht Fritzi. „Meine Mama ist die beste Köchin der Welt.“
Sie klingeln.
Karla ist gespannt, wie Fritzis Mama aussieht.
Aber niemand macht auf.
„Komisch“, meint Fritzi.

Sie klingeln Sturm.
Schlurfende Schritte nähern sich der Tür.
Kaum ist die Tür einen Spaltbreit offen,
schlüpft eine Katze heraus
und streicht um Fritzis Beine.
Karla ruft: „Ist die süß!“
Karla liebt Katzen.
„Sie heißt Frau Müller“, erklärt Fritzi.
Karla kichert.
„Das ist aber ein komischer Name
für eine Katze!“

Fritzis Mama hält sich
am Türrahmen fest.
Sie trägt einen Bademantel
und ist ganz grün im Gesicht.

„Fritzi!“, stöhnt sie matt.
„Mir ist furchtbar schlecht.
Ich geh gleich wieder ins Bett.
Ihr müsst euch selbst versorgen.
Oder auf Paul warten.
Tut mir echt leid!“

Paul ist Fritzis großer Bruder.
Er geht schon in die 5. Klasse.
Fritzis Mama wankt zurück
ins Schlafzimmer.
„Ich hab aber Hunger!“, klagt Karla.
„Kochen wir uns eben selber was!“,
schlägt Fritzi vor.
Karla staunt.

Leserätsel

In welcher 1. Klasse sitzen Karla und Fritzi nebeneinander? Kreuze an.

- [ ] Im Flugzeug
- [ ] Im Schiff
- [ ] Im Zug
- [ ] In der Schule

Warum hat Fritzis Mama heute nichts gekocht?

- [ ] Sie hat keine Lust.
- [ ] Sie ist krank.
- [ ] Sie hat es vergessen.

Welche Farbe hat das Gesicht von Fritzis Mama? Male an und trage die richtige Farbe ein:

__ __ __ __

Welches Haustier lebt bei Fritzis Familie?

- [ ] Klapperschlange
- [ ] Kreuzspinne
- [ ] Königstiger
- [ ] Känguru
- [ ] Krokodil
- [ ] Koalabär
- [ ] Kamel
- [ ] Katze
- [ ] Kauz
- [ ] Kuh

In der Küche

Als Erstes guckt Fritzi in den Kühlschrank.
Sie holt sechs Tomaten heraus
und eine Dose geriebenen Käse.
Im Küchenschrank findet Fritzi
eine Packung Nudeln.
„Na also!“, sagt sie zufrieden.
„Heute gibt es mein Lieblingsessen:
Nudeln mit Tomatensoße.“

Fritzi füllt einen großen Topf voll Wasser
und schleppt ihn zum Herd.
Sie schüttet Salz hinein.
Aber nur ein bisschen.
Das macht ihre Mama auch immer so.
Fritzi hat das oft gesehen.

Karla fragt: „Darfst du denn den Herd
alleine anmachen?“
Das darf sie nicht.
Das hat Fritzi glatt vergessen!
Zum Glück kommt gerade Paul
aus der Schule.
Er hat einen Bärenhunger.

Er macht den Herd an.
Karla reißt die Packung Nudeln auf.
Aber die dürfen erst ins Wasser,
wenn es kocht.
Paul sieht nach Mama.
Fritzi und Karla schneiden
die Tomaten in kleine Stücke.
Für die Soße.
Das ist ganz schön viel Arbeit!

Frau Müller pirscht auf leisen Pfoten
zu den Nudeln.
Sie will sie aus der Packung angeln.
Sie sind aber zu glatt.
Frau Müller faucht wütend.
Sie schlägt die Zähne in die Packung
und zerrt sie wild hin und her.
Alle Nudeln fliegen auf den Küchenboden!

„Frau Müller!“, schreit Fritzi.
Paul kommt zurück.
„Mama braucht Tee“, sagt er.
Dann sieht er die Bescherung.
Sie sammeln alle Nudeln wieder ein
und werfen sie in den Topf.
Das Wasser kocht schon.
Karla rührt um, damit die Nudeln
nicht zusammenkleben.

Leserätsel

Was ist Fritzis Lieblingsessen?
Kreuze an.

- [ ] Spinnenmus auf Spinat
- [ ] Gefrorene Froschschenkel
- [ ] Algensalat mit saurem Fisch
- [ ] Geröstete Heuschrecken
- [ ] Nudeln mit Tomatensoße

Wer hilft beim Kochen?

- [ ] Mama
- [ ] Karla
- [ ] Frau Müller
- [ ] Paul

Was kommt immer ins Nudelwasser?

- [ ] Waschpulver
- [ ] Wasserfarbe
- [ ] Salz

Wie viele Tomaten schneiden Fritzi und Karla in kleine Stücke? Mache einen Kringel um die richtige Zahl.

1 2 3 4 5 6 7 8 9 10 100 1000

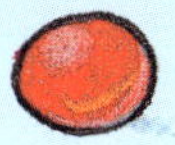

Wer schleudert die Nudeln auf den Boden?

- [ ] Frau Huber
- [ ] Frau Bauer
- [ ] Frau Schmidt
- [ ] Frau Müller
- [ ] Frau Mechtel
- [ ] Frau Schuster
- [ ] Frau Windeleimer
- [ ] Frau Blau

Richtig lecker!

Paul stellt den Teekessel auf den Herd
und noch einen kleinen Topf.
Als er heiß ist,
kippt er Olivenöl rein
und Fritzi die Tomatenstücke.
Es zischt.
Fritzi streut etwas Salz darüber
und ein grünes Gewürz aus einem Glas.
Mama nimmt das auch immer.
„Oregano“ steht darauf.

Karla schnuppert:
„Du kannst ja echt gut kochen!"
Fritzi verfeinert die Soße
mit Wasser und Tomatenmark.
„Die Nudeln sind fertig!", verkündet Karla.
Sie hat eine mit dem Kochlöffel
herausgefischt und probiert.
Das Teewasser kocht auch gerade.
Paul weiß gar nicht,
was er zuerst tun soll!

Schließlich dampfen die heißen Nudeln im Sieb, die Herdknöpfe sind alle aus und Mama nippt an ihrer Tasse Tee. Frau Müller schnurrt auf Karlas Schoß. Drei Teller füllt Fritzi voll Nudeln mit Tomatensoße und streut Käse obendrauf.

Ein paar Nudeln kommen
in den Katzennapf.
Frau Müller freut sich.
Karla kann es nicht fassen.
„Eine Katze, die Nudeln frisst?!“
„Frau Müller liebt Nudeln“, nuschelt
Paul mit vollem Mund.
„Und unsere hier sind doch
einsame Spitze, finde ich!“
„Ich auch!“, nickt Karla vergnügt.
Fritzi ist froh.

Infoseite Rezept für Nudeln mit Tomatensoße

Lesen kannst du jetzt alleine. Beim Kochen ist es besser, sich von einem Erwachsenen helfen zu lassen, bis man es perfekt kann.
Und heiße Töpfe nur mit Topflappen anfassen!

Du brauchst:
250 g Nudeln
1 großen Topf Wasser
Salz

Für die Soße:
1 kleineren Topf
250 g Hackfleisch
1 kleine Zwiebel
3 EL Öl
1 kleine Dose Tomatenmark
1 Dose pürierte Tomaten
Salz
Pfeffer

Zum Bestreuen:
geriebenen Käse

- Schäle die Zwiebel und schneide sie in kleine Würfelchen.
- Öl im kleineren Topf heiß werden lassen und die Zwiebelstücke darin rühren, bis sie durchsichtig aussehen.

- Hackfleisch dazugeben und unter Rühren anbraten, bis es krümelig und braun ist.
- Mit etwas Salz und wenig Pfeffer würzen.
- Das Tomatenmark unterrühren und die pürierten Tomaten zugeben.
- Den großen Topf mit dem Wasser aufsetzen und das Wasser zum Kochen bringen.

Wenn das Wasser kocht:

- 1 TL Salz und die Nudeln dazugeben. Vorsicht: Der Topf ist sehr heiß!
- Nudeln mit dem Kochlöffel vorsichtig unter Wasser drücken und langsam umrühren.
- Kochen, bis sie weich sind (wie lange, steht auf der Packung).
- In ein Sieb abschütten. Vorsicht mit dem heißen Dampf!

Guten Appetit!

Seite 64/65:

Karla und Fritzi sitzen in der Schule nebeneinander.
Fritzis Mama ist krank.
Ihr Gesicht ist ganz grün.
Bei Fritzis Familie lebt eine Katze.

Seite 72/73:

Fritzis Lieblingsessen sind Nudeln
mit Tomatensoße.
Beim Kochen helfen Karla und Paul.
Ins Nudelwasser kommt Salz.
Sie schneiden sechs Tomaten in Stücke.
Frau Müller schleudert die Nudeln auf den Boden.

Lösungen

Viel Wirbel um den Knopf im Ohr

Eine Geschichte von Ursel Scheffler
mit Bildern von Marion Elitez

Nichts als Musik im Kopf

Seit Olli den kleinen MP3-Player hat,
flitzt er nur noch mit „Knopf im Ohr“
in der Gegend herum.
Als er beim Essen sitzt,
starrt er vor sich hin und
wackelt im Takt der Musik mit dem Kopf.

„Sieht ganz schön bescheuert aus“,
findet seine kleine Schwester Nelli.
„Nimm die Dinger raus“, sagt Mama.
„Ihr versteht eben nix von Musik“,
knurrt Olli und gehorcht widerwillig.
Nach dem Essen stopft er die kleinen
Kopfhörer wieder ins Ohr.

Draußen ziehen Gewitterwolken auf.
„Olli, kannst du bitte das Altpapier
zum Container bringen?
Schnell, ehe es zu regnen anfängt!“,
ruft Mama.

„Olli! Olliii!“, ruft Mama noch mal lauter.
Aber es kommt keine Antwort.
Hört Olli nicht?
Oder will er nicht hören?
Wo steckt er nur?
Eben ist er doch noch
an der Küchentür vorbeigeflitzt.
Mama macht sich auf die Suche.

Olli ist in seinem Zimmer.
Er hat den Kopfhörer auf und
tanzt mit elegantem Hüftschwung
um seinen Schulranzen herum.
Er hört gerade die CD,
die Mia so gern mag.
Mia geht in seine Klasse.
Sie hat ihm die CD geliehen.

Olli macht die Augen zu
und denkt an Mia.
Er bemerkt gar nicht,
wie Mama ins Zimmer kommt
und den Stecker vom CD-Player
aus der Steckdose zieht.

Leserätsel

Was trägt Olli ständig im Ohr?

- R Einen Zopf
- M Einen Knopf
- K Einen Schopf

Womit flitzt Olli durch die Gegend?

- O Mit einem Mofa
- A Mit einem Surfboard
- U Mit einem MP3-Player

In wen ist Olli verliebt?

- S In Mia
- L In Pia
- T In Nelli

Olli hat die CD ...

I geliehen.

T gekauft.

A gesungen.

Olli tanzt mit ...

L Mama.

K Hüftschwung.

N Mia.

Die Buchstaben neben den richtigen Antworten ergeben ein Lösungswort:

— — — — —

Olli hört nichts

Die Musik bricht plötzlich ab.
„Manno!“, ruft Olli empört.
„Ausgerechnet an der besten Stelle!“
„Du hörst ja sonst nichts“, sagt Mama.
„Hab ich was verpasst?“, fragt Olli.
„Du sollst bitte das Altpapier wegbringen.“
„Das hab ich gern überhört!“, knurrt Olli.

„Du wirst noch mal taub, wenn du den ganzen Tag diesen Krach in den Ohren hast!“, sagt seine Mutter. Die Zeitungen sind in Pakete gebündelt. Murrend packt Olli sie auf den Gepäckträger seines Fahrrads.

Die Sammelstelle ist beim Supermarkt.
Gleich neben dem großen Parkplatz.
Sonntags, wenn keine Autos parken,
treffen sich Olli und seine Freunde
oft dort zum Skaten.
Heute ist alles vollgeparkt.
Olli wirft die Zeitungen
in den Altpapiercontainer.

Da entdeckt er Ali aus seiner Klasse.
Der fährt gerade im alten Buggy
seiner kleinen Schwester
die leeren Flaschen zum Glascontainer.
Die beiden bedauern sich,
weil sie zu Hause helfen müssen.
„Immer trifft es die Kleinsten“, sagt Ali,
der der Größte in der Klasse ist.
Olli grinst. „Ja, genau!“

Als Olli heimkommt, ist keiner da.
Papa ist noch im Büro und
Mama ist mit Nelli beim Kinderarzt.
„Super!“, murmelt Olli. „Jetzt nervt keiner,
wenn ich Musik höre!“
Er steckt wieder die Kopfhörer ins Ohr.

Dann setzt er sich aufs Sofa.
Er dreht die Musik ganz laut auf
und träumt davon, ein DJ zu sein
und auf Partys aufzulegen.
Auf Partys, auf denen auch Mia ist.
Dass das Telefon klingelt,
hört Olli nicht.

Leserätsel

Olli und Ali treffen sich sonntags oft...

A zum Beten.

O zum Skaten.

E zum Flöten.

Was fährt Ali im Buggy spazieren?

R Seine Schwester

S Seine Oma

H Leere Flaschen

DJ (sprich: Die-Dschei) ist die Abkürzung für...

M Dicker Junge.

R Disc-Jockey.

T Dunkle Jeans.

Die Buchstaben neben den richtigen Antworten ergeben ein Lösungswort:

___ ___ ___

Olli bringt Altpapier zum Container. Welchen Weg muss er nehmen?

Die Buchstaben auf dem richtigen Weg ergeben ein Lösungswort:

___ ___ ___ ___ ___ ___ ___ ___ ___

Ohren auf!

Am Montag in der Schule gibt Olli Mia die CD zurück.

„War super!“, sagt er. „Vielen Dank!“

„Schade, dass du am Freitag nicht da warst!“, sagt Mia. „Wir hatten Zirkuskarten. Meine Cousine ist krank geworden. Da hab ich bei dir angerufen. Aber du warst nicht zu Hause.“

„Ich war da“, sagt Olli. „Wahrscheinlich hab ich das Telefon nicht gehört, weil …“

„Weil du wieder einen Knopf im Ohr hattest?“, seufzt Mia.

„Wir können uns ja heute Nachmittag treffen“, schlägt Olli vor.
Mia nickt. „Aber nur, wenn du die blöden Stöpsel nicht im Ohr hast.
Es nervt, mit einem zu reden, der nicht zuhört!“

Sie verabreden sich

auf dem Abenteuerspielplatz.

Olli zieht sein schönstes T-Shirt an.

Er putzt die Zähne, kämmt die Haare

und macht sich auf den Weg.

Ohne Knopf im Ohr.

Deshalb hört er auch zum ersten Mal

in diesem Jahr die Vögel singen.

Der kleine Bach rauscht.

Die Enten quaken.

Wie schön die Welt ist, wenn man sie hört!

Jetzt entdeckt Olli auch Mia.
Wie eine Prinzessin steht sie
auf dem Turm der Kletterburg.
Sie winkt und ruft: „Hallo Olli,
komm schnell in die Burg!
Ein Feuer speiender Drache hat
sich in den Büschen versteckt.
Magst du mein Ritter sein?“
Nichts lieber als das, denkt Olli
und rennt los.

Infoseite
Das Ohr

Das Ohr ist ein sehr empfindliches Sinnesorgan.
Man teilt es in drei Bereiche auf:

Zum Außenohr gehören die Ohrmuschel, die Schmalzdrüsen, der Gehörgang und das Trommelfell. Von außen sieht man nur den äußeren Gehörgang. Dieser wird vom Trommelfell verschlossen. Das Trommelfell ist eine elastische dünne Haut.

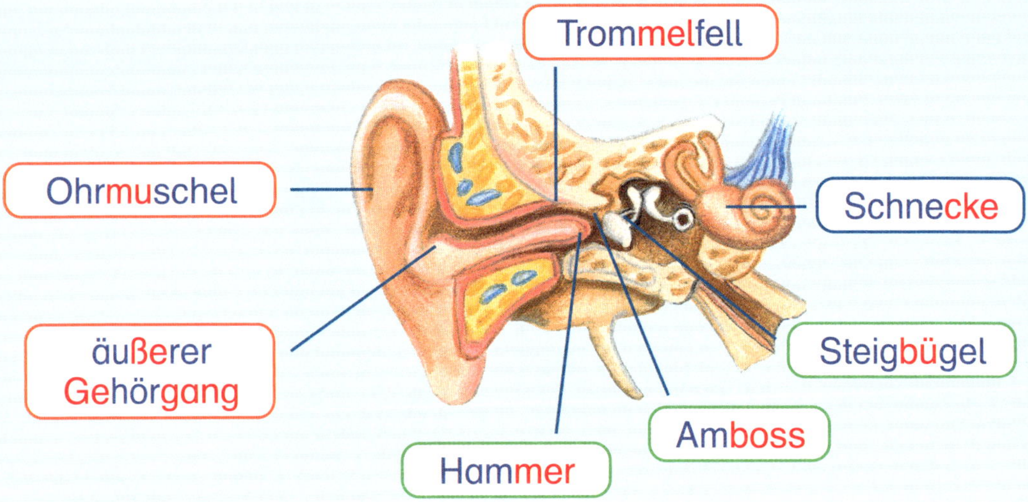

Hinter dem Trommelfell liegt das Mittelohr. Darin befinden sich die Gehörknöchelchen: Hammer, Amboss und Steigbügel.

Das Innenohr bildet das eigentliche Hörorgan. Darin befinden sich die Schnecke und der Gehörnerv und außerdem der Gleichgewichtssinn.

So funktioniert das Ohr:

Wir hören laute, leise, nahe, ferne, hohe, tiefe, lange oder kurze Töne. Sie dringen als Schallwellen durch die Luft an das Ohr. Die Schallwellen werden von der Ohrmuschel aufgefangen. Durch den Gehörgang gelangen sie zum Trommelfell, das durch den Aufprall in Schwingung gerät.

Das Trommelfell leitet die Schwingungen an die Gehörknöchelchen weiter und diese leiten sie an das Innenohr weiter. Dort werden die Schwingungen in Signale umgesetzt und über die Nerven an das Gehirn weitergegeben. Das Gehirn sagt uns dann, was wir hören.

Lösungen

Seite 90/91:

Olli trägt ständig einen Knopf im Ohr.
Olli flitzt mit einem MP3-Player durch die Gegend.
Olli ist in Mia verliebt.
Olli hat die CD geliehen.
Olli tanzt mit Hüftschwung.
Das Lösungswort lautet MUSIK.

Seite 98/99:

Olli und Ali treffen sich sonntags oft zum Skaten.
Ali fährt im Buggy leere Flaschen spazieren.
DJ ist die Abkürzung für Disc-Jockey.
Das Lösungswort lautet OHR.

Das Lösungswort lautet RECYCLING.

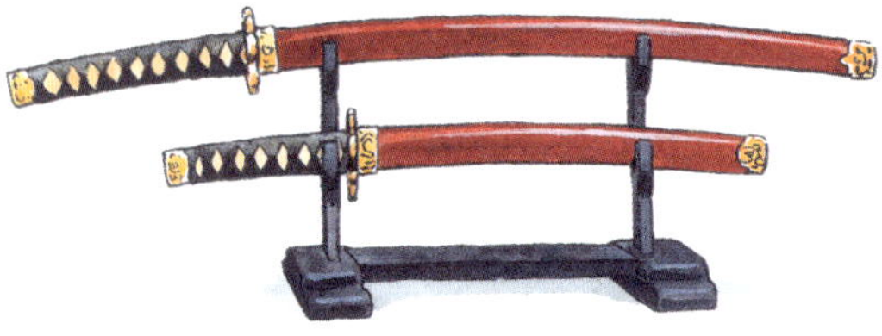

Zwei junge Samurai

Eine Geschichte von Annette Neubauer
mit Bildern von Astrid Vohwinkel

Ein richtiger Krieger

„Puh, ist der Weg steil“, seufzt Mako.
„Ja, wenn es nur nicht so heiß wäre“, antwortet Taku seinem Freund.
Die beiden Samurai-Söhne sind auf dem Weg nach Hause.
Jeden Tag müssen sie zum Kloster gehen. Dort werden sie im Lesen und Schreiben unterrichtet.
„Aber wenn wir richtige Krieger werden wollen, dürfen wir nicht jammern“, fährt Taku fort.

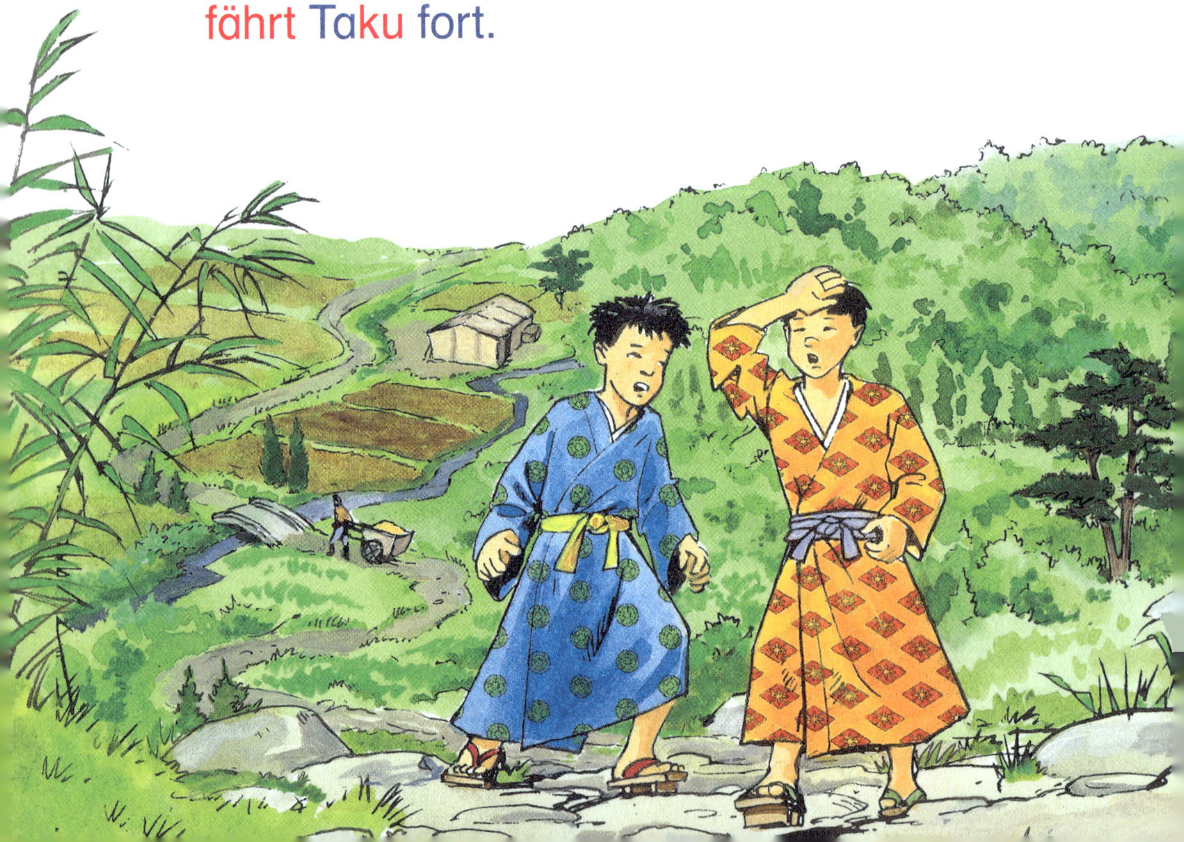

„Ich weiß“, antwortet Mako und stöhnt.
„Ob wir wirklich einmal mutige Samurai werden?“, fragt Taku zweifelnd.
„Ich bestimmt!“, antwortet sein Freund.
„Mein Vater ist der beste Kämpfer im ganzen Land. Bald werde ich genauso schnell mit den Waffen umgehen wie er.“
„Unsinn! Mein Vater ist der tapferste Krieger, der je gelebt hat“, entgegnet Taku.

„Trotzdem bin ich im Bogenschießen viel besser als du!“, behauptet Mako trotzig.
„Das bist du nicht!“, sagt Taku beleidigt.
„Ich bin der bessere Schütze von uns beiden. Das sagt auch unser Lehrer.“
„Du lügst!“, entgegnet Mako wütend.
Inzwischen haben die beiden eine Burg erreicht. Sie ist von dicken Mauern umgeben. Hier wohnen der Daimyo, der Fürst, und auch die Samurai mit ihren Familien.
Die japanischen Ritter sind ausgebildete Krieger. Aber wenn Frieden ist, arbeiten sie als Beamte, Botschafter und Handwerker.

Schweigend gehen die beiden Jungen über die Brücke.
Im Hof wartet bereits Meister Akio auf sie.
Die Jungen verbeugen sich vor dem großen Krieger mit der geschorenen Stirn und dem schwarzen Zopf.
Wie alle Samurai legt auch Akio seine Rüstung nur in Kriegszeiten an.
Gewöhnlich trägt er eine Hoftracht, die aus einer Weste mit breiten Schultern, einer weiten Rockhose und einem Gürtel mit Schwertern besteht.

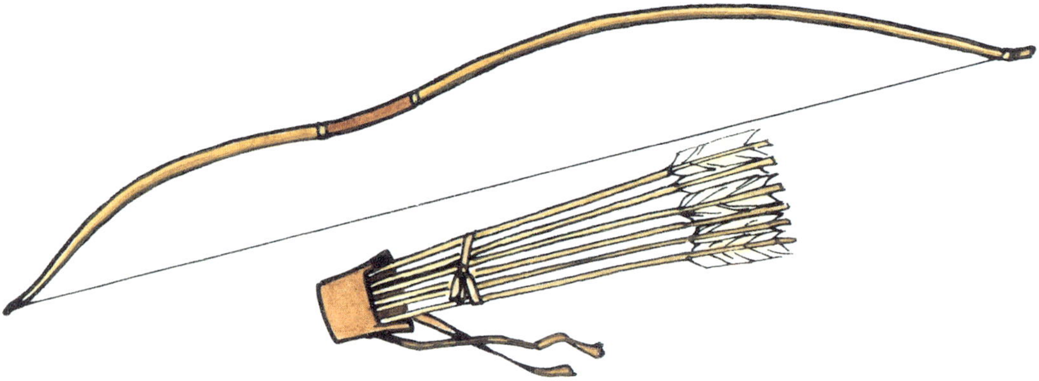

„Willkommen!“, begrüßt der Meister seine Schüler. Jeden Nachmittag unterrichtet Akio die Jungen im Bogenschießen, Fechten, Schwimmen und Reiten.

„Wir wollen gleich mit unseren Übungen beginnen“, verkündet er. Sofort laufen Mako und Taku zu einer kleinen Hütte, um Pfeil und Bogen zu holen.

„Jetzt werden wir sehen, wer von uns beiden der bessere Schütze ist“, zischt Taku.

„Warte es nur ab“, antwortet Mako zornig. „Heute werde ich dich besiegen.“

Mit Pfeil und Bogen in den Händen eilen Mako und Taku zurück zum Innenhof. Dort legen sie ihre Waffen vor ihren Füßen ab. Als Zeichen der Anerkennung verneigen sie sich wie richtige Krieger voreinander. Doch heute verbeugen sich die Jungen nur mit Widerwillen. Schnell greifen sie zu Pfeil und Bogen, um mit dem Wettkampf zu beginnen.

Den scharfen Blicken ihres Meisters entgeht das Verhalten der Jungen nicht. „Mako, du fängst an“, fordert er seinen Schüler mit ruhiger Stimme auf.
Mako spannt den Bogen. Er zielt.
Kurz darauf saust der Pfeil durch die Luft.
Doch er fliegt über die Scheibe hinweg und bleibt in einem Strohdach stecken.
„So ein Mist!“, ruft Mako und stampft mit dem Fuß auf.
Ohne ein Wort des Tadels wendet sich Akio zu Taku. „Du bist an der Reihe“, sagt der Meister gelassen.

„Jetzt werde ich es Mako zeigen“,
denkt Taku.
Aufgeregt spannt er den Bogen.
Er kneift sein linkes Auge zu und zielt.
„Denke daran, ruhig und tief zu atmen“,
mahnt ihn Akio.
Aber der Pfeil schwirrt bereits durch
die Luft, fliegt seitlich am Ziel vorbei
und landet auf dem Boden.
Enttäuscht lässt Taku die Schultern
hängen.

Leserätsel

Was gehört zur Hoftracht eines Samurai?

B Weste

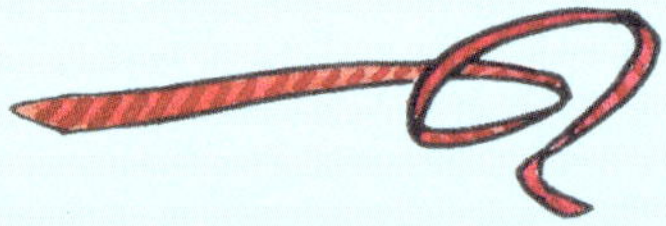

A Krawatte

U Gürtel

P Turnschuhe

R Rockhose

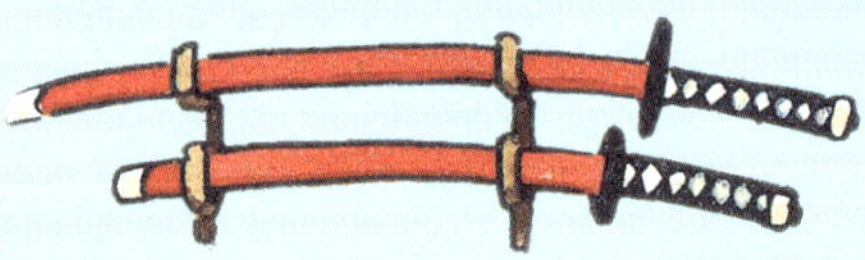

G Schwerter

T Schirmmütze

Die Buchstaben neben den richtigen Antworten verraten dir, wo die Samurai wohnen:

Auf einer __ __ __ __

Wie nennen die Samurai
ihren Landesherrn?

☐ Dackelzoo

☐ Domino

☐ Daimyo

Die Samurai verneigen sich
als Zeichen der

___ ___ ___ ___ ___ ___ ___ ___ ___ ___ ___.

Akios Rüstung

Akio blickt regungslos auf seine Schüler.
„Da ihr mit anderen Dingen als dem Bogenschießen beschäftigt seid, beenden wir für heute den Unterricht“, bricht er nach einer Weile das Schweigen.
Taku und Mako schauen ihren Meister verwirrt an.
„Ich möchte euch stattdessen etwas zeigen.“ Akio winkt mit der Hand.
„Kommt mit!“
Mit ungutem Gefühl folgen Taku und Mako ihrem Meister über den Burghof.

Was hat Akio nur vor? Ohne sich umzublicken, steigt der Krieger die Eingangsstufen seines Hauses hinauf und betritt den Wohnraum. Mit festen Schritten durchquert er das Zimmer und bleibt vor einer geschlossenen Tür stehen. Mako und Taku halten den Atem an. Sie ahnen, dass Akio ihnen das Kostbarste zeigen wird, was ein Samurai besitzt. Tatsächlich: Ihr Meister öffnet die Tür und tritt zur Seite. Mako und Taku trauen sich kaum, näher zu kommen.

Mitten im Raum steht Akios Rüstung.
Ihr Helm mit der silbernen Sichel funkelt ihnen entgegen. Als die Jungen die Maske anschauen, läuft ihnen ein Schauer über den Rücken. Zu unheimlich wirkt der lederne Gesichtsschutz!
Der Brustpanzer ist aus Stahlplättchen gefertigt, und unter dem breiten Gürtel blitzen zwei Schwerter.
Es heißt, dass Akio mit ihnen fliegende Blätter in der Luft durchschneiden kann. So scharf sind die Waffen. Und so schnell ist die Hand ihres Meisters.

„Möchtet ihr auch einmal eine Samuraiüstung tragen?“, fragt Akio.
„Ja, Meister“, antworten beide.
„Dann werdet ruhig wie der Wald, unbewegt wie der Berg und schnell wie der Wind“, erklärt Akio.
„Aber wie?“, fragt Mako. „Wir üben doch schon jeden Tag!“
„Denkt nicht daran, was der andere tut. Vertraut euren eigenen Kräften“, fährt Akio fort.
„Meinst du, wir haben eben schlecht gezielt, weil wir wütend waren?“, fragt Taku.
Akio schweigt.

„Hast du Meister Akio verstanden?“, fragt Mako seinen Freund, als sie wieder auf dem Burghof stehen.

„So richtig nicht“, sagt Taku ehrlich. Mako hebt seinen Bogen auf und blickt sich um. Wo sind denn die Pfeile geblieben?

„Sucht ihr etwas?“, ertönt es hinter ihnen. Taku und Mako wirbeln herum und sehen Kenta, einen älteren Jungen, der sie oft ärgert. Er hält ihre Pfeile in der Hand.

„Wollen wir ein Wettschießen machen?“, fragt Kenta grinsend. „Wenn ich gewinne, bekomme ich eure Pfeile!“

„Und wenn wir gewinnen?“, fragt Taku.

„Dann bekommt ihr eure Pfeile!“, sagt Kenta und lacht.

„Das ist gemein!“, sagt Taku empört.

Doch Mako greift nur wortlos zu seinem Bogen. „Ich bin bereit“, verkündet er.

Kenta reicht ihm einen Pfeil.

Mako spannt und zielt. Diesmal lässt er sich Zeit. Dann saust der Pfeil los …

und trifft die obere Hälfte der Scheibe.

„Nicht übel“, sagt Kenta überrascht.
„Aber jetzt zeige ich euch, wie ein richtiger Samurai schießt.“
Schon schnellt sein Pfeil durch die Luft.
Doch er trifft nicht besser als Mako.
„Jetzt du, Taku!“, sagt Kenta mürrisch.
Eilig stellt sich Mako neben seinen Freund.
„Denk an Akios Worte“, flüstert er.
Taku schließt kurz die Augen. Dann nimmt er Pfeil und Bogen. Ruhig blickt er zur Zielscheibe. Er atmet tief ein und aus und öffnet die Finger. Getroffen!
Mitten ins Schwarze!
„Wie hast du das gemacht?“, fragt Kenta.

„Hör auf, uns zu ärgern, und wir verraten dir ein Geheimnis“, antwortet Taku.
„Abgemacht!“, willigt Kenta ein.
„Bevor die Sonne aufgeht, musst du dreimal auf den Pfeil spucken“, erklärt Taku. „Das machen alle tapferen Samurai so.“ Mako nickt zustimmend.
Verwirrt blickt Kenta von einem zum anderen. Dann dreht er sich um und läuft davon. Kaum ist er verschwunden, prusten die beiden Freunde laut los.
Und Meister Akio, der von seinem Fenster aus alles beobachtet hat, schüttelt lächelnd den Kopf.

Leserätsel

Bringe die Sätze in die richtige Reihenfolge.

U Er spannt den Bogen und zielt.

R Taku nimmt Pfeil und Bogen in die Hände.

E Der Pfeil fliegt los.

H Er öffnet die Finger.

Richtig geordnet ergeben die Buchstaben eine Eigenschaft, die nicht nur für Samurai hilfreich ist:

__ __ __ __

Welches Wort gehört jeweils zum Bild?

S Pfeife
W Pfeil

I Bogen
U Bohne

N Burg
X Berg

D Schwert
O Schwein

Die Buchstaben neben den richtigen Antworten ergeben das Lösungswort:

__ __ __ __

Infoseite
Die Samurai

Das Wort Samurai bedeutet „Diener“ oder „Begleiter“. Als Krieger unterstanden die Samurai dem Daimyo, ihrem Fürsten. Die ersten Samurai gab es schon im 10. Jahrhundert. Stolz, Mut und großes Geschick im Umgang mit Waffen waren für sie besonders wichtig. Mit dem 19. Jahrhundert endete die Zeit der Samurai.

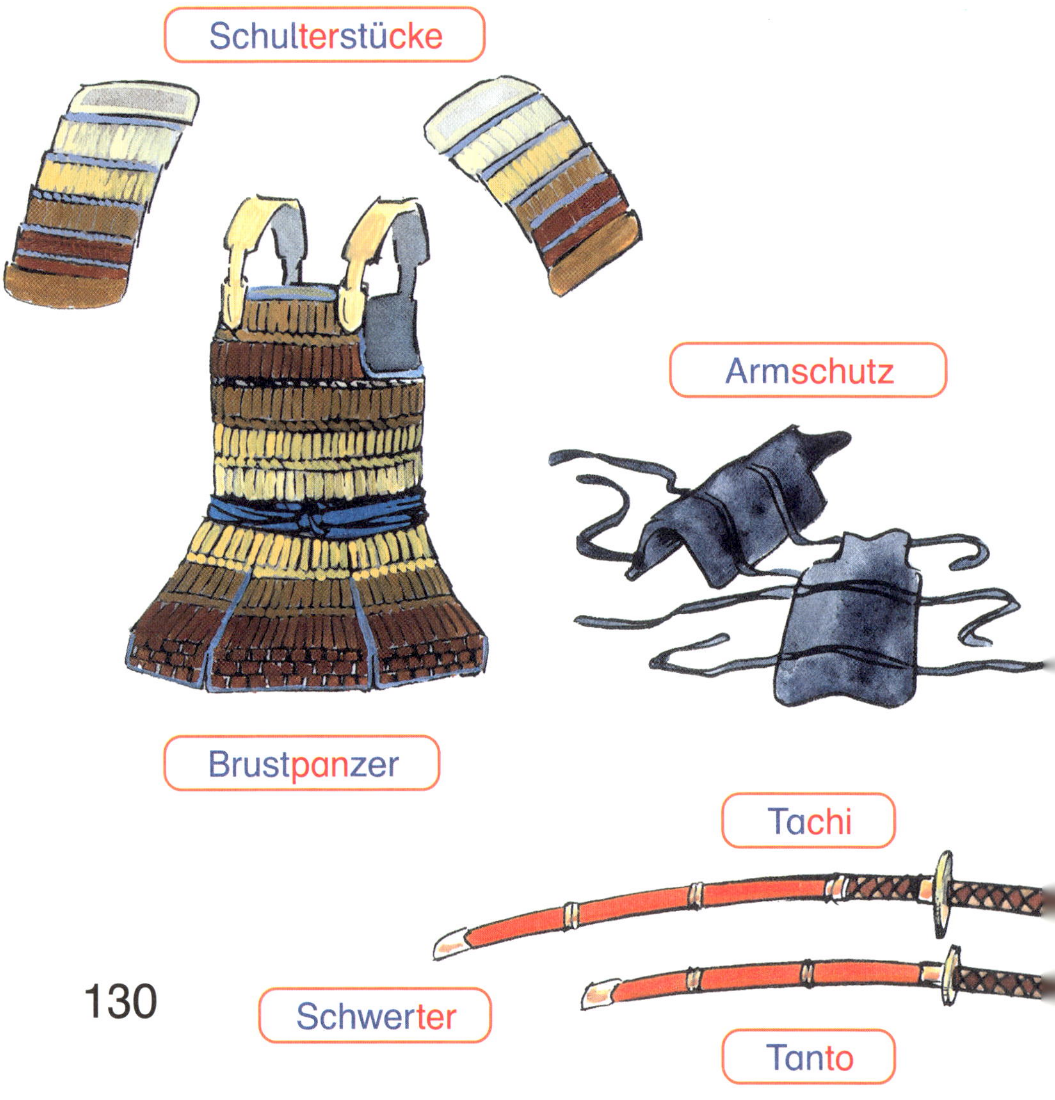

Gesichtsmaske
Helm
Rockhose
Beinschutz

Lösungen

Seite 118/119:

Zur Hoftracht eines Samurai gehören eine Weste, ein Gürtel, eine Rockhose und Schwerter.

Die Samurai wohnen auf einer BURG.

Der Landesherr heißt Daimyo.

Die Samurai verneigen sich als Zeichen der ANERKENNUNG.

Seite 128/129:

Die wichtige Eigenschaft ist RUHE.

Das Lösungswort lautet WIND.

Eine Klassenfahrt ans Meer

Eine Geschichte von Sabine Choinski
und Gabriela Krümmel
mit Bildern von Marion Elitez

Für Daniel und Julian

Die Reise beginnt

Frau Voss kommt gut gelaunt in die Klasse.
„Bald fahren wir für eine Woche an die Nordsee. Das wird bestimmt lustig!“
Aber Julian findet das gar nicht lustig.
Er war noch nie so lange von zu Hause weg.
Er hat auch noch nie woanders geschlafen.
Außer bei Oma.
Ob er sein Schlafschaf mitnehmen darf?
Und mit wem wird er das Zimmer teilen?
In der Pause fragt Daniel ihn:
„Wollen wir in einem Zimmer schlafen?“
Julian nickt erleichtert. Jetzt freut er sich doch auf die Klassenreise.

Endlich geht es los.

Alle Kinder treffen sich auf dem Schulhof.

Frau Voss ist auch schon da. Sie hat ihre Gitarre mitgebracht. Die Kinder sind aufgeregt. Julian hält sein Schlafschaf fest. Er will nicht in den Bus steigen.

Frau Voss beruhigt ihn: „Du hast dich doch so auf die Reise gefreut!"

Auch Daniel redet ihm gut zu: „Komm, wir suchen uns einen guten Platz im Bus!"

Jetzt möchte Julian doch mit. Schnell klettert er hinter Daniel in den Bus und lacht schon wieder.

Endlich! Nach drei Stunden hält der Bus
vor dem Schullandheim.
Eine frische Brise weht vom Meer herüber.
Die Kinder tragen ihre Sachen in die Zimmer.
Daniel und Julian haben ein Doppelzimmer.
„Super“, ruft Daniel, „ein Zimmer
für uns allein!“
Wer soll unten schlafen und wer oben?
Julian und Daniel knobeln.
Daniel gewinnt und darf oben schlafen.
Nun müssen sie die Betten beziehen.
Das ist gar nicht so einfach!

Zum Mittagessen gibt es
Nudeln mit Pilzsoße.
Leo verzieht das Gesicht:
„Das mag ich nicht.“
Sophie meint: „Probier doch mal!
Das schmeckt echt lecker!“
Daniel nickt mit vollem Mund.
Auch Julian isst eine große Portion.
Als Nachtisch gibt es Wackelpudding.
Den mag sogar Leo.

Nach dem Essen geht die ganze Klasse zum Strand. Der Sand ist schön warm. Das Meer rauscht und der Wind weht. Am Strand liegen viele Muscheln. Julian findet auch einen Seestern und Krebse.

Er stopft alles in seine Hosentaschen. Sophie hat eine Tüte mitgebracht. Sie entdeckt schöne Herzmuscheln und sogar das Haus einer Wellhornschnecke.

Daniel spielt Fangen mit den Wellen.
Einmal passt er nicht auf. Eine Welle
spritzt seine Hose nass.
„Macht nichts“, meint Frau Voss,
„die trocknet schnell wieder!“
„Autsch!“, ruft Melek.
Sie ist in eine Krebsschere getreten.
Es tut weh, aber Melek ist tapfer.
Zum Glück hat Frau Voss
ein Pflaster dabei.

Zum Abendbrot gibt es Früchtetee.
Julian hat großen Durst. Er greift quer über den Tisch, um sich die Kanne zu angeln.
„He, pass doch auf!“, schreit Leo. Julian hat seinen Becher umgestoßen. Auf dem Tisch breitet sich eine rote Pfütze aus.
„Das kann passieren“, tröstet Frau Voss.
„Julian, hol schnell einen Lappen zum Aufwischen!“

Nach dem Essen liest Frau Voss den Kindern eine spannende Piratengeschichte vor.
Dann heißt es Zähne putzen und ab ins Bett!

Julian und Daniel können nicht einschlafen.
„Ich bin der Schrecken der Meere!“,
ruft Daniel und wirft sein Kissen zu Julian
hinunter.
Da steckt Frau Voss den Kopf durch die Tür:
„Auch Piraten müssen jetzt schlafen!“
Plötzlich rümpft sie die Nase.
„Was riecht denn hier so seltsam?“
Frau Voss schaut sich suchend um.
„Hast du etwa die Krebse mit ins Zimmer
genommen?“, fragt sie. Julian nickt verlegen.
Frau Voss muss lachen. „Die bringst du
morgen wohl besser zurück!“

Leserätsel

Wohin geht die Klassenreise?

T An die Nordsee

M An die Südsee

Was gibt es zum Mittagessen?

E Pilze mit Nudelsoße

O Nudeln mit Pilzsoße

Was findet Julian am Strand?

U Ein Seepferd und Kresse

L Einen Seestern und Krebse

Wonach riecht es in Julians Zimmer?

S Nach schmutzigen Socken

L Nach vergammelten Krebsen

Die Buchstaben neben den richtigen Antworten ergeben ein Lösungswort:

— — — —

In der Sandburg haben sich sieben Wörter versteckt. Findest du alle? Kreise sie ein.

H	K	R	E	B	S	G	O
M	S	U	W	E	T	P	A
U	C	P	V	T	T	I	Z
S	E	E	S	T	E	R	N
C	H	D	O	P	A	A	P
H	O	X	N	L	B	T	E
E	E	T	N	S	W	Y	F
L	D	W	E	L	L	E	K

Welches Wort passt nicht zum Strand?

_ _ _ _

Abenteuer am Strand

„Heute machen wir eine Kutterfahrt!“, sagt Frau Voss am nächsten Morgen fröhlich. Nach dem Frühstück gehen sie zum Hafen. Dort liegt ein großes weißes Schiff. Der Kapitän heißt Knut. Er sieht aus wie ein richtiger Seemann.

„Schaut mal, die Seehunde!“, ruft Frau Voss. „Wir dürfen nicht zu nah an die Sandbank heranfahren“, erklärt Kapitän Knut, „sonst stören wir die Seehunde.“

Am Nachmittag dürfen die Kinder baden.
Am Strand wartet schon Dirk, der Rettungsschwimmer. Er ist groß und kräftig.
Dirk erklärt den Kindern die Baderegeln, denn das Baden im Meer ist gefährlich.
„Arme kreuzen heißt: Sofort das Wasser verlassen!“, sagt Dirk.
Julian und Daniel können es kaum erwarten, ins Wasser zu gehen.
Schnell die Badesachen angezogen, ein Pfiff von Dirk und los geht's!
Die Kinder rennen kreischend in die Wellen. Huh, ist das kalt!

Nur Sophie steht noch zögernd am Strand.
„Komm rein, das macht Spaß!“, ruft Daniel.
Dirk nimmt Sophie an die Hand und läuft mit ihr ins Wasser. Da kommt eine große Welle.
„Spring hoch!“, ruft Dirk.
Julian taucht unter der Welle durch.
„Super!“, prustet er, als er wieder auftaucht.
Leo und Melek spritzen sich gegenseitig nass.
Nach einer Weile kreuzt Dirk die Arme.
Schade, die Badezeit ist schon zu Ende.
Aber Frau Voss hat eine tolle Überraschung:
„Heute machen wir eine Nachtwanderung!“

Nach dem Abendessen ziehen sich
alle Kinder warm an und nehmen
ihre Taschenlampen mit.
Der Weg durch die Dünen ist unheimlich.
Die Büsche sehen aus wie Gespenster.
„Ich habe Angst“, flüstert Melek.
Da knackt es im Gebüsch.
„Wer ist da?“, ruft Frau Voss.
Eine Gestalt springt auf den Weg.
„Das bin doch nur ich!“, ruft Daniel.
Die Kinder lachen erleichtert.

Heute geht es zum Einkaufen in die Stadt.
Die Kinder haben Taschengeld bekommen.
Julian will etwas für seine Mutter kaufen.
Sophie wünscht sich einen Seehund.
Daniel möchte lieber Süßigkeiten haben.
Die Kinder gehen in einen kleinen Laden.
„Was kostet der weiße Seehund?“,
fragt Sophie.
Die nette Frau an der Kasse nennt ihr
den Preis: „Drei Euro!“
Sophie kauft den Seehund.

Julian findet eine hübsche Muscheldose für seine Mutter. Er bezahlt und legt die Dose vorsichtig in seinen Rucksack. Daniel kauft eine große Tüte Bonbons und gibt allen etwas ab.
Mit dem Bus fahren sie zurück. Als sie im Schullandheim angekommen sind, fängt Julian an zu weinen. „Ich habe meinen Rucksack im Bus vergessen!“
Frau Voss ruft in der Buszentrale an.
Zum Glück wurde der Rucksack gefunden – und die Muscheldose ist auch noch drin!

Der letzte Abend beginnt. Die Kinder packen ihre Sachen. Alles ist voller Sand. Julian bekommt seine Reisetasche nicht zu. „Wem gehört diese Hose?“, fragt Frau Voss. Daniel ruft: „Das ist meine. Die habe ich schon gesucht!“

Statt Abendessen dürfen die Kinder heute am Lagerfeuer grillen. Es gibt Würstchen und Stockbrot. Frau Voss holt ihre Gitarre und alle singen ein Seefahrerlied.

Julian ist traurig. Morgen ist die Klassenfahrt zu Ende. Am liebsten würde er noch bleiben.

„Moin“, begrüßt der Busfahrer am nächsten Tag die Kinder. „Alles einsteigen! Es geht wieder nach Hause.“
Endlich kommt der Bus an. Die Eltern warten schon. Auch Julians Mama steht auf dem Schulhof. Sie freut sich.
„Schön, dass du wieder da bist.
Ich habe dich vermisst!“
Julian gibt ihr die Muscheldose und sagt stolz: „Und ich habe jetzt gar kein Heimweh mehr!“

Leserätsel

Kapitän Knut sieht aus wie...

H	ein Seehund.
E	ein Seemann.

Wo sind die Seehunde?

I	Auf einer Sandbank
U	Im Sandkasten

Was erklärt Dirk den Kindern?

T	Die Badelatschen
S	Die Baderegeln

Die Buchstaben neben den richtigen Antworten ergeben ein Lösungswort:

__ __ __

Die Wellen haben die Wörter durcheinandergewirbelt. Setze die Buchstaben wieder richtig zusammen.

S _ _ _ _ _

K _ _ _ _ _

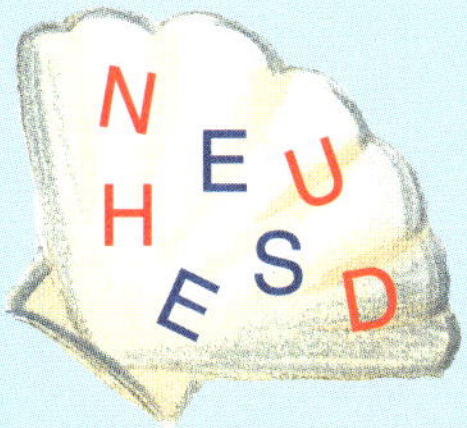

S _ _ _ _ _ _ _

S _ _ _ _ _ _

K _ _ _ _ _ _

Was kaufen die Kinder?

Infoseite
Zehn wichtige Baderegeln

Kühle dich ab, bevor du ins Wasser gehst.

Gehe aus dem Wasser, sobald du frierst.

Gehe nur baden, wenn du dich gut fühlst.

Bade nie mit ganz vollem oder ganz leerem Magen.

Gehe nur bis zum Bauch ins Wasser, wenn du nicht schwimmen kannst.

Überschätze deine Kraft und dein Können nicht.

Tauche andere nicht unter.

Springe nur ins Wasser, wenn es tief genug und frei ist.

Bade nicht da, wo Schiffe und Boote fahren.

Rufe nur um Hilfe, wenn du wirklich in Gefahr bist.

Seite 144/145:

Die Klassenreise geht an die Nordsee.
Zum Mittagessen gibt es Nudeln mit Pilzsoße.
Julian findet einen Seestern und Krebse.
In Julians Zimmer riecht es
nach vergammelten Krebsen.
Das Lösungswort lautet TOLL.

H	K	R	E	B	S	G	O
M	S	U	W	E	T	P	A
U	C	P	V	T	T	I	Z
S	E	E	S	T	E	R	N
C	H	D	O	P	A	A	P
H	O	X	N	L	B	T	E
E	E	T	N	S	W	Y	F
L	D	W	E	L	L	E	K

Das BETT passt nicht zum Strand.

Seite 154/155:

Kapitän Knut sieht aus wie ein Seemann.
Die Seehunde sind auf einer Sandbank.
Dirk erklärt den Kindern die Baderegeln.
Das Lösungswort lautet EIS.
Diese Wörter stehen in den Muscheln:
SCHIFF, KAPITÄN, SEEHUND, SANDBANK, KRABBE
Julian kauft eine Muscheldose, Daniel kauft Bonbons,
Sophie kauft einen Seehund.

Lösungen

Lesen lernen mit der Lesemaus

Liebe Eltern,

alle Kinder wollen lesen lernen. Sie sind von Natur aus wissbegierig. Diese Neugierde Ihres Kindes können Sie nutzen und das Lesenlernen frühzeitig fördern. Denn Lesen ist die Basiskompetenz für alles weitere Lernen. Aber Lesenlernen ist nicht immer einfach. Es ist wie mit dem Fahrradfahren: Man lernt es nur durch Üben – also durch Lesen.

Lesespaß mit Lesepass

Je regelmäßiger Ihr Kind übt, desto schneller und besser wird es das Lesen beherrschen. Eine schöne Motivation kann dabei ein Lesepass sein, den Sie zusammen mit Ihrem Kind basteln können.
Vereinbaren Sie mit ihm eine kleine Belohnung, die es für eine bestimmte Anzahl an Trainingsminuten gibt.
Eine Leseeinheit können zum Beispiel 10 Minuten sein.
Für jede Leseeinheit gibt es einen Sammelpunkt – und nach einer zu vereinbarenden Anzahl von Punkten dann die kleine Belohnung.

Wie können Sie Ihr Kind beim Lesenlernen unterstützen?

Je positiver Kinder das Lesen erleben, desto motivierter sind sie, es selbst zu lernen. Versuchen Sie, Ihrem Kind

ein Vorbild zu sein. Zeigen Sie Ihrem Kind, dass Lesen und Schreiben zum Alltag gehören. Etablieren Sie gemeinsame Leserituale. So erfährt Ihr Kind: Lesen macht Spaß!
Lesen Sie Ihrem Kind mindestens bis zum Ende der Grundschulzeit vor. Auch wenn Ihr Kind zunehmend eigenständig liest, bleibt das Vorlesen ein schönes und sinnvolles Ritual.

Lesen lernen mit der Lesemaus

Jedes Kind lernt unterschiedlich schnell lesen. Orientieren Sie sich bei der Auswahl von Erstlesebüchern daher an den Interessen und Lesefähigkeiten Ihres Kindes. Die Geschichten sollen Ihr Kind fordern, aber nicht überfordern. Die Lesemaus zum Lesenlernen bietet spannende und leicht verständliche Geschichten für Leseanfänger. Altersgerechte Illustrationen helfen, das Gelesene zu verstehen.
Mit lustigen Leserätseln können die Kinder ihre Lernerfolge spielerisch selbst überprüfen. Außerdem gibt es in jedem Band interessante Sachinfos für Jungen und Mädchen.

Ihnen und Ihrem Kind viel Spaß beim Lesen!

Lesenlernen mit Spaß

978-3-551-06638-1

978-3-551-06642-8

978-3-551-06645-9

978-3-551-06651-0

978-3-551-06654-1

EINFACH LESEN LERNEN

NOCH MEHR LESESPASS!

THEO UND MARLEN: AUF DER INSEL
ISBN 978-3-551-69033-3

CONNI UND DIE FREUNDSCHAFTSSTERNE
ISBN 978-3-551-69068-5

IM LICHT DER ZAUBER-KUGEL: DER DSCHUHA UND DER ESELRITT
ISBN 978-3-551-69031-9

DIE FEUERWEHR KOMMT NACKIG HER
ISBN 978-3-551-69066-1

HEIDI: BARFUSS IN DEN BERGEN
ISBN 978-3-551-69030-2

SISSI: DIE PFERDE-PRINZESSIN
ISBN 978-3-551-69043-2

ZARI UND NIVAAN – DIE GESCHICHTE EINER FLUCHT
ISBN 978-3-551-69006-7

ZOFF! BUMM! BÄMM! – EIN STREITBUCH
ISBN 978-3-551-69088-3

WWW.CARLSEN.DE

CARLSEN

EINFACH LESEN LERNEN

DAS KÖNNTE DIR AUCH GEFALLEN:

BOBBY UND BOSS: FREUNDE IM ANFLUG
ISBN 978-3-551-69017-3

DIE SCHULE DER MAGISCHEN TIERE ERMITTELT 5: DER GURKENSCHURKE
ISBN 978-3-551-65595-0

BITTE NICHT ÖFFNEN, SONST ... 1: YETI-RITTER-SCHNEEGEWITTER
ISBN 978-3-551-69043-2

DAS KLEINE WIR IN DER 1. KLASSE
ISBN 978-3-551-69026-5

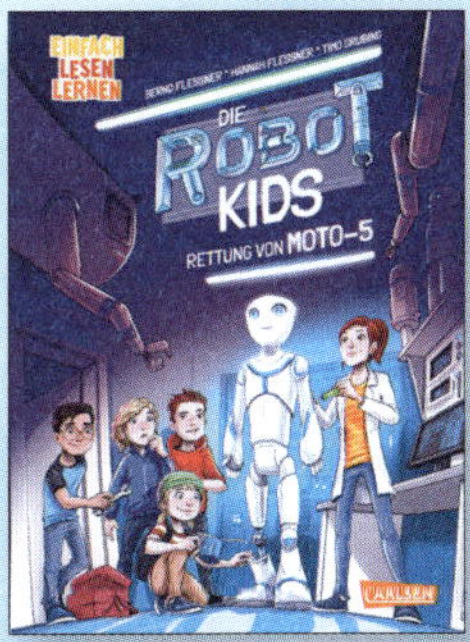

DIE ROBOT-KIDS 1: RETTUNG VON MOTO-5
ISBN 978-3-551-69020-3

MINECRAFT SILBEN-GESCHICHTE: ABENTEUER – BIS DIE SCHULE WACKELT!
ISBN 978-3-551-06565-0

KÄPTEN MATZ: ... UND DER RIESEN-STRUDEL
ISBN 978-3-551-69039-5

ACHTUNG!: STEILER SCHULWEG
ISBN 978-3-551-69028-9

„Also, in dieser Woche sprechen wir über Ernährung. Was ist Ernährung? Michi?“
„Das, was wir essen“, sagt Michi.
„Genau“, sagt Frau Bode. „Und wir wollen gleich mal schauen, was wir so alles essen. Legt bitte euer Pausenbrot auf den Tisch.“
„Toll, gleich wieder Pause!“, ruft Jana.
„Nein“, sagt Frau Bode, „nur anschauen.“
Die Kinder holen ihre Pausensachen heraus. Frau Bode schreibt die Sachen an die Tafel.
Auf die linke Seite schreibt sie:

Wurstbrötchen. Marmeladenbrot.
Brötchen mit Nuss-Nougat-Creme.
Eine Packung Kartoffelchips.
Eine Tüte Gummibärchen.
Schokoriegel. Milchschnitte.
Ein Überraschungsei.
Eine Tüte Kakao.
Eine kleine Flasche Limonade.
Und Gummischnuller. Und Esspapier.
Und eine Mohnschnecke.
Und eine Käsetasche.
Und bunte Lollis.

„Da müssen wir aber noch einiges lernen in dieser Woche“, stöhnt Frau Bode. „Was haben wir noch?“

Deutlich schreibt sie jetzt auf die rechte Seite der Tafel: Vollkornbrot. Knäckebrot. Salat, Karotten und Gurkenstücke. Paprika und kleine Tomaten. Äpfel, Birnen, Bananen. Nüsse und getrocknete Früchte. Ein Stück Gemüsekuchen. Und Früchtetee. Und eine Tüte Vollmilch.

„Na, da haben wir doch ungefähr gleich viel auf jeder Seite“, sagt Frau Bode zufrieden. „Was, glaubt ihr, ist der Unterschied zwischen den beiden Spalten?“

„Glasklar!“, ruft Jana. „Links sind die guten und rechts die nicht so guten Sachen.“

Die Kinder lachen und Frau Bode lacht mit. Dann wird sie wieder ernst und sagt: „Nein, Jana. Rechts stehen die gesunden Sachen und links die weniger gesunden. Und warum das so ist, das werden wir diese Woche lernen.“

Leserätsel

Was hat der große Junge
Michi schon weggenommen?

☐ Hefte, einen Radiergummi
und einen Füller

☐ Buntstifte, einen roten Kuli
und einen Spitzer

☐ Zwei Aufkleber, einen Taschenrechner
und einen Bleistift

Warum will der große Junge
Michis Pausenbrot nicht?

☐ Weil es mit einem Regenwurm belegt ist.

☐ Weil es ein Loch hat.

☐ Weil ein Salatblatt drauf ist.

☐ Der Junge mag nur Brötchen.

Was gehört wohin? Ergänze die fehlenden Buchstaben auf beiden Seiten der Tafel!

Vollmilch · Salat · Früchtetee · Lakritze · Limonade · Bananen · Karotten · Schokolade · Salz · Chips · Knäckebrot · Kakao

Nicht so gesund	Gesund
_ C _ O K _ _ A _ _	V _ _ _ M _ L _ _
_ A K _ _ _ Z E	_ _ N _ N _ N
_ _ _ Z	_ _ _ O _ T _ _
_ A _ A _	S _ _ _ _
_ I M _ N _ _ _	_ R Ü _ _ _ E _ _ E
_ _ _ P _	K _ _ C _ _ B _ _ _

Alle Bücher im Internet: www.lesemaus.de
Newsletter mit tollen Lesetipps kostenlos
per E-Mail: www.carlsen.de

Sonderausgabe im Sammelband

ISBN: 978-3-551-06662-6
Umschlagillustration: Marion Elitez
Illustrationen Vorsatz: Sigrid Leberer
Illustration der Lesemaus: Hildegard Müller
Umschlagkonzeption: Gunta Lauck
Lektorat: Constanze Steindamm
Satz: Karin Kröll
Lithografie: ReproTechnik Fromme, Hamburg

Wir produzieren nachhaltig
- Klimaneutrales Produkt
- Papiere aus nachhaltigen und kontrollierten Quellen
- Hergestellt in Europa

FSC www.fsc.org
MIX
Papier | Fördert gute Waldnutzung
FSC® C002795

SOS